AF603088

11 FEVR. 1869

99 F

Vente des Jeudi 11 et Vendredi 12 Février 1869.

BEAUX OBJETS

PROVENANT DE

L'EXPOSITION

JAPONAISE

EXPOSITIONS

PARTICULIÈRE : *Le Mardi 9 Février 1869*,

PUBLIQUE : *Le Mercredi 10 Février 1869.*

Me CHARLES PILLET
COMMISSAIRE-PRISEUR
rue Grange-Batelière, 10.

M. CHARLES MANNHEIM
EXPERT
rue Saint-Georges, 7.

CATALOGUE

DE

BEAUX OBJETS

PROVENANT DE

L'EXPOSITION JAPONAISE

Laques de belle qualité. — Ivoires sculptés et laqués
Beaux Meubles en laque
Bronzes. — Porcelaines. — Armes. — Émaux cloisonnés
Pièces en écaille laquée. — Paravents
Dessins et Albums

DONT LA VENTE AURA LIEU

HOTEL DROUOT, Salle N° 8

Les Jeudi 11 et Vendredi 12 Février 1869

A DEUX HEURES

Par le ministère de Me **CHARLES PILLET**, Commissaire-Priseur,
10, rue de la Grange-Batelière,

Assisté de M. **Charles MANNHEIM**, Expert, 7, rue Saint-Georges.

Chez lesquels se distribue le Catalogue.

EXPOSITIONS :

PARTICULIÈRE : le Mardi 9 Février 1869,
PUBLIQUE : le Mercredi 10 Février 1869,
DE UNE HEURE A CINQ HEURES.

CONDITIONS DE LA VENTE

Elle sera faite au comptant.

Les acquéreurs payeront, en sus des adjudications, *cinq pour cent*, applicables aux frais.

L'exposition mettant le public à même de se rendre compte de l'état des objets, il ne sera admis aucune réclamation une fois l'adjudication prononcée.

Paris. — Typ. Pillet fils aîné, rue des Grands-Augustins, 5.

DÉSIGNATION DES OBJETS

LAQUES

1 — Charmant petit meuble en laque d'or, offrant sur chacune de ses faces extérieures des paysages traversés par des cours d'eau et enrichis de figures de daïmios et autres, le tout exécuté en relief et rehaussé de couleurs.

L'intérieur, divisé par compartiments, renferme six tiroirs aventurinés et cinq portes à coulisses.

Socle-support en laque aventuriné et décor d'or.

2 — Boîte-écritoire japonaise de forme carrée, en laque de très-belle qualité. Le dessus présente des dragons chimériques en relief se détachant sur un fond nuageux relevé de parties argentées.

L'intérieur du couvercle, ainsi que les divers compartiments, sont décorés d'arbustes et de fleurs en or sur fond aventuriné. Le godet, en cuivre ciselé, est formé d'un coq.

3 — Belle boîte de forme cylindrique à côtes horizontales et parallèles et reposant sur quatre pieds droits. Laque aventuriné de belle qualité, portant de larges médaillons armoriés, reliés entre eux par des fleurs de pêcher. Garniture en cuivre gravé et doré ; cordon en soie.

4 — Boîte analogue à celle qui précède et pouvant lui faire pendant.

5 — Boîte carrée, à angles arrondis, en laque du Japon, de belle qualité. Le dessus offre, en relief, un paysage accidenté et quantité de hérons dans diverses attitudes. Dans le haut du tableau on distingue la célèbre montagne de Foudjama.

La tablette intérieure, ouvrant à charnière, offre des fleurs et des papillons en or sur fond aventuriné.

6 — Charmant petit meuble-étagère à quatre tablettes et à compartiments, fermant à deux portes, en laque aventuriné, décoré d'arbustes, de fleurs et d'oiseaux, et portant de riches armoiries en or et en argent. Les garnitures de cette pièce sont en argent gravé.

Haut., 69 cent. ; larg., 75 cent.

7 — Jolie table-étagère en laque aventuriné, décorée de paysages, fleurs, oiseaux et armoiries, en or en relief. Belle qualité.

Larg., 92 cent.

8 — Très-beau meuble étagère, à quatre tablettes et à deux compartiments, fermant chacun à deux portes, en laque aventuriné, couvert de riches décors d'or en relief représentant des paysages, des oiseaux et des fleurs, et portant des armoiries.

Riche garniture en argent gravé.

Haut., 72 cent.; larg., 84 cent.

9 — Charmant pupitre, en ancien laque du Japon, fond noir décoré de paysages traversés par des cours d'eau, et garni à sa partie inférieure d'un tiroir avec bouton en argent.

10 — Grand et beau coffre oblong en ancien laque du Japon, aventuriné, couvert d'un riche décor d'arbustes, de fleurs et d'armoiries en or en relief et argent. Les deux grands côtés sont garnis d'anneaux mouvants en argent.

11 — Modèle de temple japonais ouvrant à deux portes. Il est laqué rouge à l'extérieur et offre à l'intérieur des divinités en bois sculpté se détachant sur un fond d'or. Le socle-support, en bois finement sculpté et doré, est rehaussé de fleurs sculptées sur bois et de statuettes en terre peinte. Pièce curieuse.

12 — Deux plateaux de forme carrée à angles coupés, reposant sur un support de même forme, avec parties repercées à jour. Laque aventuriné et décor d'or.

13 — Cantine japonaise en laque aventuriné, décorée d'arbustes et d'armoiries en or et argent en relief. Elle se

compose d'une boîte à quatre compartiments, d'un plateau à angles arrondis et de deux boîtes; l'une d'elles, servant de support à un flacon-gourde en métal laqué noir et or.

14 — Petite boîte longue en laque aventuriné, décorée d'arbustes en or en relief.

15 — Jolie boîte à compartiments, de forme carré-long et à couvercle à recouvrement en laque noir, pailleté d'or. Le dessus est décoré d'armoiries formées d'éventails et d'oiseaux en or en relief d'un dessin très-soigné. L'intérieur du couvercle offre, sur un fond aventuriné, des canards se jouant dans des roseaux.

16 — Charmant petit meuble étagère à tiroirs et compartiments variés de formes, et à portes à coulisses en laque aventuriné et décor d'or. Une portion de la pièce est mobile et offre sur chacune de ses faces une disposition particulière. Garniture en cuivre gravé et doré; socle laqué, garni de même.

17 — Petite cantine de fumeur en laque noir, décorée de paysages et d'oiseaux en or; garniture en métal argenté.

18 — Tabouret ou support de forme carrée, reposant sur quatre pieds à consoles en laque rouge de Pékin, à figures, paysages et fleurs en relief.

19 — Charmant petit éléphant laqué au naturel, dont le harnachement, composé de bandes d'écaille, est enrichi de

pendentifs exécutés en nacre de perle, corail et malachite incrustés. Le caparaçon, en écaille, laqué d'or, est garni de franges d'ivoire et d'appliques de nacre gravée.

Cette pièce repose sur un cippe d'ivoire laqué, monté sur trois pieds en laque brun et or.

20 — Grande boîte carrée à couvercle bombé et à recouvrement en laque aventuriné, décorée d'un paysage avec chute d'eau et tortues se jouant dans les flots.

21 — Petite boîte de forme carré-long, décorée sur toutes ses faces de paysages traversés par des cours d'eau en or en relief.

A l'intérieur un petit plateau offre un décor analogue.

22 — Grande boîte carrée à angles arrondis et à couvercle bombé en laque noir, décorée d'arbustes, de fleurs et d'armoiries en or et enrichie de parties dorées sur fond tissé.

23 — Boîte à éventail, en laque aventuriné, décorée d'arbustes et de hérons en or, enrichie de clous d'argent.

24 — Cantine en laque aventuriné, décorée d'armoiries et de feuillages. Elle est garnie d'un plateau, d'une boîte à quatre compartiments, et d'une autre boîte renfermant quatre petits plateaux et servant de socle à deux flacons en métal.

25 — Petit meuble cabinet en laque aventuriné, décoré de paysages montagneux, traversés par des cours d'eau en or et couleurs en relief. Une porte latérale ouvre à charnières, et trois tiroirs sont à l'intérieur.

26 — Socle carré à quatre pieds en laque noir burgauté à fleurs, paysages et oiseaux.

27 — Cantine de fumeur, en bois naturel, laqué or, à fleurs, et garniture en cuivre argenté.

28 — Grande boîte carrée à cinq compartiments en laque aventuriné, décorée de larges fleurs en or et feuilles d'argent.

Haut., 42 cent.; larg., 52 cent.

29 — Autre grande et belle boite carrée à cinq compartiments en laque noir pointillé d'or, et décorée d'arbustes et de fruits en or en relief. Cette pièce est accompagnée de deux couvercles qui permettent de la diviser en deux parties.

Haut., 50 cent.; larg., 31 cent.

30 — Flûte japonaise dans son étui, en bois laqué noir et or.

31 — Grand et beau cabinet et son support, à compartiments, fermant à portes à coulisses, à tiroirs et à portes à charnières, en laque noir et décor d'or, enrichi de riches incrusta-

tions de porcelaine à décor polychrome et oiseaux en relief.

Ce meuble est garni d'ornements en cuivre gravé et doré.

Haut., 1 m. 30 cent.; larg., 80 cent.

32 — Très-beau support de forme cylindrique en laque aventuriné, couvert de paysages, de hérons et d'armoiries en or en relief. Très-belle qualité ancienne.

33 — Grand et beau plateau carré et creux à angles arrondis en laque noir, pailleté d'or, décoré de médaillons ronds renfermant des arbustes et des fleurs finement décorés en or. Belle qualité.

34 — Très-belle boîte à compartiments, de forme carrée, à angles arrondis et rentrants, en laque aventuriné, décorée de paysages, d'oiseaux et d'armoiries en or en relief d'une grande finesse d'exécution. Elle est garnie de cordons de soie rouge.

35 — Petit cabinet à portes et tiroirs en laque aventuriné, décoré de médaillons d'oiseaux et garni en cuivre argenté.

36 — Cantine de fumeur en bois sculpté, laqué noir, à tiroirs et garniture en bronze.

37 — Boîte de forme carrée haute en laque aventuriné, décorée d'arbustes, de fleurs et d'armoiries en or en relief.

Elle renferme un plateau garni de six petites boîtes de même décor que la boîte principale.

38 — Boîte à écrire en laque aventuriné, décorée de feuillages et d'armoiries en or.

39 — Réchaud de fumeur en laque aventuriné, décoré d'armoiries et de fleurs en or et en argent avec garniture en cuivre gravé à fleurs.

40 — Jolie boîte à écrire, de forme carrée, en laque noir, décorée à l'extérieur de bois de bambous et de pins et à l'extérieur d'arbustes divers.

41 — Petit miroir métallique avec oiseau et arbustes gravés au revers; monture en bois laqué noir et aventurine, enrichie d'une plaque d'écaille décorée d'oiseaux laqués en or en relief.

42 — Petit cabinet à deux portes et tiroirs, présentant sur toutes ses faces des paysages traversés par des cours d'eau finement laqués en or et couleurs.

43 — Grand coffre de voyage en laque noir et décor d'or à armoiries, enrichi d'incrustations de porcelaine, décorée de fleurs et d'oiseaux émaillés en couleurs. Garniture en cuivre argenté.

44 — Coffre analogue à celui qui précède.

45 — Beau coffre de forme oblongue en laque noir, à grecques et armoiries en or et garniture argentée.

46 — Coffre pareil à celui qui précède et pouvant lui servir de pendant.

47 — Boîte de forme carré-long en laque noir, décorée de paysages et de fabriques exécutés en relief et en couleurs variées.

48 — Boîte de forme carrée à angles arrondis en laque noir, décorée d'arbustes et d'insectes en or; un store simulé permet de voir une fleur placée derrière; à l'intérieur, un compartiment en laque pailleté d'or.

49 — Petit meuble oblong avec porte placée à une de ses extrémités et renfermant trois tiroirs en laque noir, décoré d'arbustes, de fleurs et d'armoiries en or; la porte est garnie d'une serrure.

50 — Boîte carrée à angles arrondis, en laque noir, décorée d'arbustes, d'armoiries et de fleurs en or en relief; plateau à l'intérieur.

51 — Boîte hexagone en laque d'or, décorée de poissons en relief se jouant dans les flots de la mer; sur socle en laque aventuriné.

52 — Pagode de forme carrée, partie en laque et partie en cuivre doré, garnie de pendilles et à double étage superposés.

53 — Très-grand miroir métallique avec son chevalet en laque aventuriné.

54 — Grand plateau carré à bords droits, en laque aventuriné, incrusté de quantité de plaques de porcelaine, décorées en émaux de couleurs.

55 — Très-joli petit coffret en laque d'or, à trois compartiments, plateau et trois petites boîtes, avec couvercle à recouvrement, entièrement décoré d'oiseaux et de fleurs.

56 — Théière de forme surbaissée en laque noir au fond, et le dessus en laque rouge ciselé à fleurs.

57 — Lot de petites boîtes en laque noir et aventurine, variées de forme et de décor. Ce lot sera divisé.

58 — Deux boîtes modèle losange, en laque d'or, décorées sur le couvercle de groupes de figures en or et couleurs.

59 — Deux petites boîtes de forme carrée et angles coupés en laque d'or, décorées de figures et d'oiseaux.

60 — Coupe ronde, garnie de quatre poignées en laque noir, décorée d'armoiries.

61 — Coupe ronde à couvercle en laque noir, à décor de fleurs en or.

61 *bis* — Très-beau cabinet-étagère, en laque aventuriné, présentant à l'intérieur divers compartiments, portes à coulisses et charnières, avec décors de personnages, oiseaux et papillons et fleurs diverses sur fond d'or. Applications de plaques d'argent et fleurs laquées genre Pékin.

Haut., 90 cent.; larg., 85 cent.

IVOIRE ET ÉCAILLE LAQUÉS

62 — Deux grands et magnifiques pitongs en ivoire, portant sculptés en relief des figures de guerriers montés sur des chevaux richement harnachés. Ces pièces sont rehaussées de parties laquées en or et reposent sur des socles et contre-socles en bois laqué aventuriné et or.

Le soin avec lequel ce travail a été exécuté, dénote une patience et un goût artistique vraiment japonais.

Haut. totale, 80 cent.

63 — Boîte de forme carré-long à angles arrondis, en écaille, décorée de chimères dans des paysages, en or en relief. Elle repose sur un socle en bois laqué et elle est garnie d'anneaux d'ivoire auxquels se rattachent des cordons en soie rouge.

Long., 48 cent.

64 — Autre grande et belle boîte de forme carrée à angles arrondis, en écaille massive laquée en or et couleurs en relief. Elle offre à l'intérieur une figure de chasseur tirant de l'arc. Socle en bois laqué sur fond aventuriné.

Long., 39 cent.; larg., 27 cent.

65 — Beau plateau de forme oblongue à bord plissé, en écaille, laquée d'or en relief, décoré d'un paysage, au milieu duquel on trouve un paon dont la queue est enrichie d'incrustations de burgau. Le bord offre une large grecque en or.

Long., 60 cent.; larg., 47 cent.

66 — Joli pitong en ivoire sculpté, représentant une figure de femme japonaise dans un paysage. Sur pied en bois laqué.

67 — Deux cornets porte-allumettes en ivoire laqué, à arbustes et oiseaux; sur socles en laque noir et décor d'or.

68 — Plateau simulant deux feuilles accolées l'une sur l'autre, en écaille transparente, décorées d'insectes et de feuillages d'or.

69 — Deux pitongs en ivoire simulant un morceau de bambou légèrement cintré, à feuillages et oiseaux, décorés en or en relief. Ils sont garnis de métal à l'intérieur.

70 — Charmant petit cabinet de forme oblongue, en ivoire très-finement sculpté, à figures de femmes dans des paysa-

ges, rehaussé de gravures délicatement traitées et de parties laquées en or. Toutes ses faces sont décorées de même et il renferme des tiroirs étoilés d'or avec boutons de nacre ; charnières formées de papillons en argent doré ; socle en laque aventuriné et décor d'or.

71 — Pitong en ivoire sculpté et laqué, en couleurs et or; il offre au pourtour des figures d'acrobates faisant des exercices au bruit du tambour et en présence de divers spectateurs. Les figures sont traitées avec esprit et une grande habileté; socle en bois laqué.

72 — Pitong en ivoire laqué or et couleurs, décoré d'arbustes et d'oiseaux; socle à trépied en bois laqué.

73 — Modèle de temple de forme carrée, en ivoire sculpté, laqué or sur socle en laque noir, garni de sujets allégoriques en ivoire sculpté, doré en partie.

74 — Lot de petits plateaux d'écaille laqués or et couleurs, de formes et de décors variés. Ce lot sera divisé.

PORCELAINE

75 — Groupe de deux figures en terre cuite rougeâtre foncé imitant le laque. Personnage debout ayant un enfant près de lui.

76 — Coupe ronde en porcelaine de Kanga, décorée d'un groupe de figures et d'ornements en camaïeu rouge et or.

77 — Grande et belle coupe en porcelaine de Kanga, présentant au centre des dragons émaillés en couleurs sur fond de nuages verts. Le bord offre une quantité de figures en camaïeu rouge et or, d'une exécution remarquable et représentant diverses scènes de la vie privée. Le bord extérieur présente des dragons en camaïeu rouge et or.

Diam., 41 cent.

78 — Coupe ovale et creuse en terre émaillée vert clair, décorée au fond d'une carpe en camaïeu.

Larg., 59 cent.

79 — Petite coupe forme fleur avec feuillages, en terre émaillée de Mïako.

80 — Godet à eau, forme carrée, en terre émaillée de Mïako, décoré de fleurs en relief et or.

81 — Presse-papier formé d'une branche de fleurs en terre émaillée de Mïako, en couleurs et or.

82 — Cornet à panse renflée et à deux anses, en porcelaine gaufrée, à dragons et nuages en relief et émaillé vert d'eau.

83 — Théière en poterie de Satsouma, décorée de feuillages en or rehaussés de points d'émail bleu.

84 — Figurine d'homme portant un sac; poterie de Satsouma émaillée en couleurs.

85 — Poussah tenant un écran et accroupi sur un sac; poterie de Satsouma émaillée en couleurs.

86 — Réchaud en deux parties, en poterie de Satsouma, décoré de fleurs et d'armoiries émaillées en couleurs.

87 — Figurine d'enfant debout, en poterie de Satsouma, émaillée en couleurs et or.

88 — Très-petite figurine de même qualité; personnage accroupi tenant une gourde de ses deux mains.

89 — Deux grandes et belles vasques ou jardinières en porcelaine émaillée bleu au grand feu, et offrant au pourtour des chimères, des rochers et des fleurs en haut-relief réservés en blanc et enrichis de dessins très-fins gravés sous émail.

Diam., 78 cent.

90 — Joli vase, modèle balustre, à deux anses, en poterie de Satsouma, décoré d'oiseaux et de fleurs émaillés en couleurs du plus brillant effet et rehaussé d'or. Il repose sur un socle en bois laqué en or sur fond aventuriné.

91 — Plateau formé de deux feuilles accolées en poterie de Satsouma, décoré d'armoiries émaillées en couleurs.

92 — Chibatchi ou brûle-parfums en faïence de Miako, couvert d'un décor très-fin à fleurs émaillées en couleurs et or.

93 — Bol en poterie de Kanga, fond rouge, décoré de médaillons de personnages en camaïeu rouge et rehauts d'or.

94 — Bol de même style, décoré de médaillons de fleurs sur fond à rosaces à l'intérieur et à personnages à l'extérieur.

95 — Jardinière en poterie de Satsouma, décorée de fleurs et bandes d'ornements émaillés en couleurs et or.

Haut., 30 cent.; diam., 35 cent.

96 — Vase modèle balustre, en porcelaine, à fleurs gaufrées sous émail bleu turquoise, et fond jaspé violet. Les anses sont formées de poissons émaillés bleu turquoise. Pièce intéressante.

97 — Jolie coupe ronde en porcelaine de Kanga, décorée à l'intérieur d'un groupe de figures émaillées en couleur, et à l'extérieur de dragons et de chimères en rouge et or.

98 — Beau vase, modèle balustre, à anses têtes de lion, en poterie de Satsouma, décoré d'arbustes, de fleurs et d'ornements émaillés en couleurs et or.

99 — Cache-pot en poterie de Satsouma, décoré de médaillons de fleurs et de bandes d'ornements émaillés en couleurs et or.

100 — Joli réchaud, modèle losange, avec théière à collerette en terre émaillée de Satsouma, décoré de branches de fleurs et d'ornements en couleurs et or. Les anses du réchaud sont formées de coquilles émaillées vert.

101 — Plateau à angles arrondis et rentrants, en porcelaine, décoré de rosaces émaillées en couleurs sur fond vert.

102 — Vase de forme sphérique et à gorge serrée par un cordon, en poterie de Satsouma, décoré de poissons et d'attributs divers émaillés en couleurs et or.

103 — Plateau de forme carré long, à angles arrondis, en poterie de Satsouma, décoré de fleurs et d'une tortue sur fond pointillé d'or à nuages.

104 — Réchaud en deux parties, en porcelaine émaillée vert et craquelée, décoré de feuillages d'or.

105 — Coupe en forme de feuille recourbée, en terre de Kanga émaillée vert à l'extérieur, et fleurs décorées en rouge et or; elle présente à l'intérieur une chimère et des fleurs décorées en couleurs sur fond filigrané rouge.

106 — Personnage accroupi. en poterie de Satsouma, dont le costume est décoré de médaillons émaillés et rehaussés d'or.

107 — Personnage analogue à celui qui précède; il tient une tasse couverte de sa main droite.

108 — Plateau en porcelaine, décoré d'un paysage en camaïeu bleu et or sur fond imitant la porcelaine craquelée.

109 — Trois pièces en terre cuite, décorées de fleurs émaillées en couleurs: théière, dont le couvercle est surmonté d'une chimère; et deux coupes, forme feuille.

110 — Potiche à couvercle, en poterie de Satsouma, décorée d'ornements émaillés en couleurs.

111 — Plat rond à bords festonnés, en porcelaine, décoré d'arabesques en or sur fond rouge, et réserves de fleurs émaillées en couleurs.

112-113 — Quatre vasques en porcelaine du Japon, décorées de poissons se jouant dans les eaux de la mer; le tout en camaïeu bleu.

114 — Jardinière, de forme octogone, décorée de fleurs émaillées de paysages et ornements en bleu sur blanc.

ORFÉVRERIE

115 — Charmant brûle-parfums en argent massif, formé d'une jonque richement ciselée et supportant un vase à panse sphérique repercée à jour. Cette pièce est garnie de quatre chaînes de suspension aussi en argent.

BRONZES

116 — Deux très-beaux brûle-parfums de forme ronde et surbaissée, en bronze, offrant au pourtour des paysages et des fabriques en haut relief et à couvercles composés de branches de fleurs de pêcher, repercés à jour. Les pieds mobiles sont supportés par trois groupes de fleurs.

Ces pieds nous semblent avoir été fondus à cire perdue.

117 — Autre beau brûle-parfums de forme octogone surbaissée, en bronze, enrichi d'incrustations d'argent représentant des branches de fleurs, des insectes et des oiseaux. Le couvercle, repercé à jour, est décoré de même.

118 — Beau vase, modèle balustre, à gorge très-évasée et à deux anses en S reliant la gorge à la panse.

Il est décoré de fleurs ciselées et d'ornements en relief.

119 — Personnage debout sur une tortue et portant un héron sur son bras gauche. Bronze chinois.

120 — Pitong en bronze fondu à cire perdue, présentant au pourtour des dragons en relief se jouant dans les flots.

121 — Brûle-parfums en bronze formé d'une tortue; une petite tortue, placée sur le dos de la première, lui tient lieu de couvercle.

122 — Brûle-parfums de forme hexagone reposant sur trois pieds à balustres et à anses surélevées. Il est décoré d'ornements en relief et le couvercle est surmonté d'un dragon.

123 — Deux vases brûle-parfums en bronze, à médaillons d'oiseaux en relief et à anses; pied mobile et couvercle formés de feuillages et de fruits. Le couvercle est surmonté d'un oiseau formant bouton.

124 — Fontaine de forme ovoïde en bronze, à médaillons renfermant des figures en relief et à lambrequins ornés. Le couvercle est surmonté d'une figure de poussah, les anses sont formées de sacs et le goulot par une tête de dragon.

125 — Jonque en bronze reposant sur son ancre et sur des cordages.

Belle patine rougeâtre.

126 — Grande fontaine de forme ovoïde à lambrequins ornés, anses en S et bouton du couvercle formé par une graine

Haut., 75 cent.

127 — Sphère ouvrante, en cuivre argenté, à ornements repercés à jour et dragons en relief. Ce genre d'objet est suspendu ordinairement à la porte des temples ; chaque visiteur frappe dessus pour que Dieu lui soit favorable.

128 — Deux flambeaux en bronze, formés chacun d'une cygogne debout sur une tortue et tenant dans son bec une branche de fleur porte-lumière.

129 — Pitong en bronze, décoré de palmettes et d'ornements en relief.

130 — Brûle-parfums de forme oblongue et surbaissée en bronze uni, supporté par quatre chimères; anses surélevées formées de nuages; couvercle repercé à jour, surmonté d'une chimère assise.

131 — Beau brûle-parfums ou réchaud en cuivre gravé, à ornements et chimères, et garni de deux anses avec anneaux.

132 — Vase cylindrique à deux anses et à couvercle en cuivre gravé à ornements.

133 — Coupe ronde en cuivre jaune à ornements en relief au bord.

134 — Vase, forme bouteille, en cuivre jaune, à panse sphérique, décorée de dragons gravés.

135 — Coupe ronde à bord droit en cuivre jaune, gravé à dragons et nuages.

136 — Plateau de forme contournée en cuivre jaune à moulures et garni de coquilles en relief.

137 — Petite théière de forme surbaissée à anse mobile et long goulot en cuivre repoussé à dragons et nuages.

ÉMAUX

138 — Deux grands vases, à panse modèle balustre et gorge très-évasée, en émail cloisonné du Japon, à fleurs de couleurs variées sur fond bleu foncé. Les anses sont formées par de grands papillons.

Ce sont les seules pièces de grandes dimensions, en émail cloisonné du Japon, que nous ayons vues jusqu'à ce jour.

Haut., 65 cent.

139 — Petite jardinière en émail cloisonné de Chine, décorée de fleurs et d'ornements en couleurs sur fond bleu et à frise repercée à jour en cuivre doré.

ARMES

140 — Lance formée d'une lame de sabre, montée à l'extrémité d'un manche laqué rouge, plaqué d'argent en spirale, et garni de douilles en fer incrusté d'argent et d'or. Le fourreau est en bois sculpté laqué or.

141 — Lance à lame courbe, avec hampe en bois laqué aventuriné et garniture en cuivre gravé et argenté.

142 — Lance avec lame très-longue et hampe en bois verni et parties burgautées.

143 — Lance analogue à celle qui précède; la hampe de celle-ci n'est pas burgautée.

144 — Lance à lame triangulaire et hampe en bois verni noir et rouge, fourreau en bois laqué et or.

145 — Lance analogue à celle qui précède.

146 — Lance avec lame à trois branches et hampe laquée rouge avec garniture de bronze.

147 — Lance à double tranchant, avec hampe en bois laqué.

148 — Lance à lame courbe et hampe en bois laqué, portant des armoiries en or, garnie de cuivre argenté.

149 — Petit sabre à fourreau laqué en or sur fond pailleté, rehaussé de burgau, garniture en fer ciselé.

150 — Magnifique lame de sabre avec manche et fourreau en bois.

151 — Sabre à lame courbe, fourreau laqué noir, portant des armoiries en or. Le manche et le fourreau sont garnis en cuivre doré ; son support en laque noir est décoré d'arbustes et d'oiseaux.

152 — Sabre à lame quadrangulaire, poignée et fourreau en laque rouge de Pékin, à fleurs et ornements ciselés en relief.

153-154 — Dix lances de très-grande dimension, à lame triangulaire et à hampes en bois laqué brun. Ce lot sera divisé.

155 — Selle et harnachement de cheval, garnis d'étoffe et avec larges étriers laqués.

156-158 — Six sabres japonais qui seront vendus séparément.

159 — Six arcs en bois laqué.

160 — Quatre fusils de rempart japonais.

OBJETS VARIÉS

161 — Boule en cristal de roche uni, d'une pureté remarquable.

162 — Très-grand miroir métallique de forme carrée, dans une riche monture, formant écran, en bois laqué noir et rouge, garnie d'ornements en cuivre gravé et doré.

163 — Flûte-harmonica en bambou et laque noir, décorée de hérons en or; garniture en argent.

164-167 — Quantité de boutons japonais en ivoire sculpté, qui seront vendus par lots.

168 — Store formé d'un grand nombre de rangs de perles, sur lequel se dessine un paysage formé de perles de couleurs.

169-170 — Lot de poupées ou figures de femmes japonaises habillées.

171 — Six cannes à pêche en bois de bambou.

PARAVENTS

172 — Paravent à six feuilles en bois laqué noir, décoré de paysages en couleurs sur fond d'or et garniture de cuivre doré.

173 — Beau paravent à deux feuilles en bois naturel, laqué or en relief, décoré d'oiseaux et de branches de bambou ; monture en laque noir et garniture de bronze gravé et doré.

174 — Paravent à six feuilles, décoré de figures en relief, exécutées en étoffe et peintures.

ALBUMS ET DESSINS

175 — Magnifique album renfermant cinquante dessins sur soie, d'une exécution remarquable, et représentant des scènes de la vie privée des Japonais, ainsi que divers sites du pays.

Chacun des tableaux composant cet album mériterait

une description particulière que le cadre d'un simple catalogue ne comporte pas. Nous le recommandons tout particulièrement à l'attention des amateurs.

176 — Album représentant diverses scènes de la vie privée des Japonais.

177 — Autre album, renfermant quantité de figures très-finement exécutées sur papier.

178 — Joli rouleau peint sur papier, représentant des arbustes, des fleurs et des oiseaux, d'une exécution très-soignée.

179 — Autre joli rouleau analogue à celui qui précède; au premier plan, une carpe remonte un cours d'eau.

180 — Rouleau peint sur papier, représentant une branche de pêcher et des oiseaux très-artistement exécutés.

181-190 — Dix rouleaux peints sur étoffe, à fleurs et oiseaux. Ils seront vendus séparément.

191 — Rouleau représentant un paysage avec figures, très-finement peint sur soie.

192 — Rouleau composé de deux sujets : paysages animés par des figures, très-bien peints et rehaussés d'or.

193 — Rouleau représentant sept paysages du Japon, très-finement exécutés sur papier.

194-197 — Quatre rouleaux peints, représentant des paysages et autres sujets.

198-209 — Douze albums variés, peints sur étoffe.

210-215 — Albums variés, sur papier.

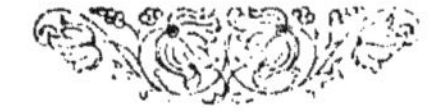

www.ingramcontent.com/pod-product-compliance
Ingram Content Group UK Ltd.
Pitfield, Milton Keynes, MK11 3LW, UK
UKHW022006260726
13994UKWH00004B/1963